كَيْفَ أَهْرُب؟

تأليف: بسّام عيّاش

رسم: لارا الجنّون

تَحْفِرُ دودَةُ الأَرْضِ «وَدودَة»، مَمَرّاتٍ داخِلَ التُّراب. تَفْتِلُ جِسْمَها، وتَمْغَطُهُ فَيَتَمَدَّد، ثُمَّ يَعودُ فَيَنْكَمِش. إلّا أَنَّ «وَدودَة»، وبِسَبَبِ جَفافِ التُّرْبَة، لَمْ تَعُدْ قادِرَةً عَلى حَفْرِ أَنْفاقِها بِسُهولَةٍ؛ فَتَشْتَكي: «آهٍ، أَصْبَحَ العَيْشُ صَعْبًا هُنا! مِنْ دونِ ماءٍ ومَطَرٍ لا أَسْتَطيعُ أَنْ أَحْفِرَ في التُّراب؛ لَقَدْ صارَ قاسِيًا كَالصَّخْرِ!».

سَمِعَتْ «وَدودَة» صَوْتًا قَوِيًّا، فَهَتَفَتْ بِفَرَحٍ: «إِنَّهُ الرَّعْد! سَتُمْطِرُ وتُصْبِحُ التُّرْبَةُ رَطِبَةً، وأعودُ إلى عَمَلي».

أَطَلَّتْ «وَدودَة» بِرَأْسِها لِتَتَمَتَّعَ بِزَخَّةِ مَطَرٍ، فَارْتَعَبَتْ وعَلا صَوْتُها: «ما هَذا الشَّيْءُ المُخيف؟! إِنَّهُ آتٍ نَحْوي!».

رَأَتْ «وَدودَة» جَرّافَةً كانَتْ تَحْفِرُ في الأَرْضِ، وتُقَلِّبُ التُّرابَ والحِجارَة.

«هَذا الشَّيْءُ سَيُفْسِدُ أَنْفاقي ويَدْهَسُني... سَأَهْرُب!»، قالَتْ «وَدودَة»، وحاوَلَتِ الهَرَب. راحَتْ تَزْحَفُ وتَزْحَفُ وتَزْحَف... «أنا بَطيئَةٌ! لا أَسْتَطيعُ الإِسْراع. لَيْتَ لي أَيْدٍ وأَرْجُل، لَكُنْتُ صِرْتُ بَعيدَةً مِنْ هَذا المَكان!».

الْتَفَتَت، فَرَأَتْ «أُمَّ أَرْبَعٍ وأَرْبَعين»، تَتَنَقَّلُ أَرْجُلُها الكَثيرَةُ بِسُرْعَةٍ، وكانَتْ تَشْتَكي: «مِنْ أَيْنَ أَتى هَذا الشَّيْء؟ إنَّهُ يُلاحِقُني!».

نادَتْ «وَدودَة» «أُمَّ أَرْبَعٍ وأَرْبعين»: «خُذيني مَعَكِ، شَرْطَ أَلّا تَأْكُليني!».

«ومَنْ يَهْتَمُّ بِالأَكْلِ ساعَةَ الهَرَبِ؟»، رَدَّتْ «أُمُّ أَرْبَعٍ وأَرْبَعين».

ـ أُريدُ الهَرَبَ أنا أَيْضًا.

ـ هَيّا، أَسْرِعي! تَعَلَّقي بي، لِأَنَّني لَنْ أَتَوَقَّف.

ـ لَكِنِ، لا يَدَ لي ولا رِجْلَ، كَيْفَ أَتَمَسَّكُ بِكِ؟

ـ تَدَبَّري أَمْرَكِ!

تابَعَتْ «أُمُّ أَرْبَعٍ وَأَرْبَعين» طَريقَها. أَمّا الجَرّافَة، فَاقْتَرَبَتْ مِنْ «وَدودَة» أَكْثَرَ!

قَفَزَ جُنْدُبٌ هارِبٌ، وحَطَّ أَمامَ «وَدودَة». وقَبْلَ أَنْ يَقْفِزَ قَفْزَةً ثانِيَةً، نادَتْه: «دَعْني أَلْتَفُّ حَوْلَ رِجْلِكَ كَيْ أَهْرُبَ مَعَكَ!».

«حَسَنًا، إِنَّما أَسْرِعي»، أَجابَها الجُنْدُب.

تَعَلَّقَتْ «وَدودَة» بِرِجْلِ الجُنْدُبِ الَّذي نَطَّ في الهَواءِ،
فَتَشَقْلَبا مَعًا وَوَقَعا أَرْضًا.

«آخ... يا لَها مِنْ سَقْطَةٍ قَوِيَّةٍ!»، تَذَمَّرَ الجُنْدُبُ وقال:
«أَنْتِ طَويلَةٌ وَثَقيلَةٌ، لا يُمْكِنُني حَمْلُكِ!». وتابَعَ النَّطَّ.

أَمّا الجَرّافَة، فاقْتَرَبَتْ مِنْ «وَدودَة» أَكْثَرَ فَأَكْثَرَ!

فَجْأَةً، جاءَ زيزٌ يَطيرُ ومَرَّ قُرْبَ «وَدودَة»، فَنادَتْه:

«أَيُّها الزّيزِ، تَعالَ وطِرْ بي بَعيدًا مِنْ هَذا المَكان!».

ـ أَنا أَهْرُبُ مِنْ صَوْتِ هَذا الشَّيْءِ المُزْعِج!

سَأَحْمِلُكِ وأَطيرُ بِكِ.

حاوَلَ الزّيزُ رَفْعَ «وَدودَة»، مَرَّةً، مَرَّتَيْن... ثَلاثَ مَرّاتٍ.

«ما بالُكَ لا تَرْفَعُني؟»، اسْتَفْسَرَتْ «وَدودَة» بِغَضَبٍ.

ـ أَنْتِ ثَقيلَةُ الوَزْن! وَزْنُكِ أَثْقَلُ مِنْ وَزْني بِكَثيرٍ،

فَكَيْفَ أَحْمِلُكِ؟!

ـ وَمَنْ يَسْتَطيعُ ذَلِك ؟!

ـ لا أَدْري. رُبَّما أَحَدُ العَصافير.

«عُصفور ؟!»، صاحَتْ «وَدودَة» مُرْتَعِبَةً وأَضافَت:

«سَيَأْكُلُني إِنْ رَآني! أَنا طَعامُهُ المُفَضَّل».

«رُبَّما لَنْ تَجِدي مَنْ يَأْخُذُكِ»، قالَ لَها الزّيز، وتابَعَ دَرْبَه.

أَمّا الجَرّافَة، فَاقْتَرَبَتْ مِنْ «وَدودَة»

أَكْثَر فَأَكْثَر فَأَكْثَر!

رَأَتْ «وَدودَة» نَمْلاتٍ تَرْكُضُ هَرَبًا. فَنادَتْها:
«يا صَديقاتي! أَرْجوكِ، احْمِليني مَعَكِ وأَبْعِديني مِنْ هَذا الشَّيْءِ».

تَفَحَّصَتِ النَّمْلاتُ جِسْمَ الدّودَةِ، وقالَتْ إِحْداها:
«جِسْمُكِ يَتَلَوّى ويُفْرِزُ سائِلًا لَزِجًا. لَنْ نَسْتَطيعَ حَمْلَكِ».

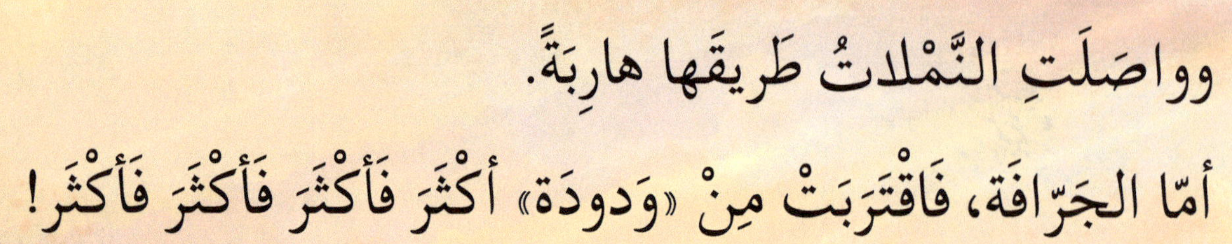

وَواصَلَتِ النَّمْلاتُ طَريقَها هارِبَةً.
أمّا الجَرّافَة، فَاقْتَرَبَتْ مِنْ «وَدودَة» أكْثَرَ فَأَكْثَرَ فَأَكْثَرَ فَأَكْثَرَ!

و... عَلا صَوْتُ «وَدودَة»:
«لا أرْجُلَ لي كَيْ أسير،
ولا أجْنِحَةَ لي كَيْ أطير،
وَصَلَ إِلَيَّ الشَّيْءُ الكَبير!
يا تُرى ما هُوَ المَصير؟».

غَرَفَتِ الجَرّافَةُ حُمولَةً مِنَ التُّراب، ورَفَعَتْها. فَصاحَتْ «وَدودَة» مَذْعورَةً: «إنَّهُ يَرْفَعُني، يا وَيْلي! ماذا سَيَحُلُّ بي؟».
أَلْقَتِ الجَرّافَةُ حُمولَتَها في شاحِنَةٍ، فَطُمِرَتْ «وَدودَة» بِالتُّراب. أَدارَ السّائِقُ المُحَرِّك، وانْطَلَق.

سارَتِ الشّاحِنَةُ لِوَقْتٍ طَويلٍ. أخيرًا، تَوَقَّفَتْ قُرْبَ ضَفَّةِ
بُحَيْرَةٍ. شَغَّلَ السّائِقُ مُحَرِّكًا آخَر، فَارْتَفَعَ صُنْدوقُ الشّاحِنَةِ
وأفْرَغَ حُمولَتَه، ثُمَّ انْخَفَضَ إلى مَكانِه.

مِنْ أَعْلى كَوْمَةِ التُّرابِ والحِجارَة، أَطَلَّ رَأْسُ «وَدودَة»:
«آهِ، أَشْعُرُ بِدُوارٍ! ماذا جَرى لي؟ لَكِنْ أَيْنَ أنا؟!».

مَعَ رَحيلِ الشّاحِنَةِ بَعيدًا، حارَتْ «وَدودَة» مُتَسائِلَةً:
«أَيْنَ اخْتَفى ذَلِكَ الشَّيْءِ؟ لَمْ أَعُدْ أَسْمَعُ صَوْتَه!».

دارَتْ «وَدودَة» حَوْلَ مَكانِها الجَديدِ كَيْ تَتَعَرَّفَ إلَيْه.

«أنا أمْشي بِسُهولَةٍ! الأرْضُ رَطِبَةٌ، كَمْ يُناسِبُني هَذا.

سَأعْمَلُ بِراحَةٍ هُنا!».

وعادَتْ «وَدودَة» إلى عَمَلِها فَرِحَةً، وراحَتْ تَحْفِرُ

في التُّرابِ أنْفاقًا كَثيرَةً...